Pflanzl Ernährung Kochbuch Für Anfänger 2021

Ein Komplettes Pflanzenbasiertes Kochbuch Zum Genießen Ihrer Mahlzeiten, Vom Frühstück Bis Zum Dessert

Lana Kimberly

Rene Stein

Die Leser erkennen an, dass der Autor sich nicht an der rechtlichen, finanziellen, medizinischen oder professionellen Beratung beteiligt. Der Inhalt dieses Buches wurde aus verschiedenen Quellen abgeleitet. Bitte wenden Sie sich an einen lizenzierten Fachmann, bevor Sie die in diesem Buch beschriebenen Techniken ausprobieren. Mit der Lektüre dieses Dokuments erklärt sich der Leser damit einverstanden, dass der Autor unter keinen Umständen für direkte oder indirekte Verluste verantwortlich ist, die durch die Verwendung der in diesem Dokument enthaltenen Informationen entstehen, einschließlich, aber nicht beschränkt auf Fehler, Auslassungen oder Ungenauigkeiten.

Inhaltsverzeichnis

FRÜHSTÜCK & SMOOTHIES

Halva Smoothie

Zubereitungszeit: 5 Minuten

Portionen: 1

Zutaten

- Getrocknetes Datum: 1 entsteint
- Tahini: 1 EL
- Frische Feigen: 2
- Mandelmilch: 1 Tasse
- Vanilleextrakt: 1/4 TL

Wegbeschreibungen:

1. Fügen Sie alle Zutaten in den Mixer
2. Mischen, um eine glatte Konsistenz zu bilden

Ernährung:

Kohlenhydrate: 66,0 g

Protein: 12,1 g

Fette: 16.5g

Kalorien: 435 Kcal

Obst Medley Smoothie

Zubereitungszeit: 5 Minuten

Portionen: 2

Zutaten

- Banane: 1 reif geschnitten
- Mandelmilch: 1 Tasse
- Kokosöl: 1 EL
- Ingwer pulverförmig: 1 TL
- Gefrorenes Frucht-Medley: 1 Tasse
- Chia-Samen: 2 EL

Wegbeschreibungen:

1. Fügen Sie alle Zutaten in den Mixer
2. Blend, um eine glatte Konsistenz zu geben
3. Gießen Sie auf die Gläser und servieren

Ernährung:

Kohlenhydrate: 52,8 g

Protein: 6,4 g

Fette: 22.5 g

Kalorien: 407 Kcal

Gefrorene Beeren Smoothie

Zubereitungszeit: 5 Minuten

Portionen: 2

Zutaten

- Banane: 1 reif
- Gefrorene Beeren: 200g
- Mandelmilch: 250ml

Wegbeschreibungen:

1. Fügen Sie alle Zutaten in den Mixer
2. Blend, um eine glatte Konsistenz zu geben
3. Gießen Sie auf die Gläser und servieren

Ernährung:

Kohlenhydrate: 14,9 g

Protein: 2,2 g

Fette: 1.6 g

Kalorien: 92 Kcal

FeigenProtein Smoothie

Zubereitungszeit: 5 Minuten

Portionen: 1

Zutaten

- Frische Feigen: 2
- Mandelmilch: 1 Tasse
- Getrocknetes Datum: 1 entsteint
- Vanilleextrakt: 1/4 TL
- Sesamsamen: 2 EL

Wegbeschreibungen:

1. Fügen Sie alle Zutaten in den Mixer
2. Mischen, um eine glatte Konsistenz zu bilden

Ernährung:

Kohlenhydrate: 66,0 g

Protein: 16,1 g

Fette: 18 g

Kalorien: 435 Kcal

Kale Smoothie

Zubereitungszeit: 5 Minuten

Portionen: 1

Zutaten

- Mandelbutter: 1 EL

- Große Banane: 1 gefroren

- Frischer Grünkohl: 1 Tasse

- Ungesüßte Mandelmilch: 3/4 Tasse

Wegbeschreibungen:

1. Fügen Sie alle Zutaten in den Mixer

2. Mischen, um eine glatte Konsistenz zu bilden

Ernährung:

Kohlenhydrate: 34,1

Protein: 12,8 g

Fette: 14 g

Kalorien: 244 Kcal

Grüner gesunder Smoothie

Zubereitungszeit: 5 Minuten

Portionen: 1

Zutaten

- Große Banane: 1 gefroren
- Frischer Spinat: 1 Tasse
- Haferwalzen: 2 EL
- Ungesüßte Mandelmilch: 3/4 Tasse

Wegbeschreibungen:

1. Fügen Sie alle Zutaten in den Mixer
2. Mischen, um eine glatte Konsistenz zu bilden

Ernährung:

Kohlenhydrate: 41,2 g

Protein: 8,9 g

Fette: 3.9 g

Kalorien: 220 Kcal

Herbst grüner Smoothie

Zubereitungszeit: 5 Minuten

Portionen: 1

Zutaten

- Persimmon: 1
- Spinat: 1 Tasse
- Orange: 1
- Wasser: 1 Tasse
- Chia-Samen:1 EL

Wegbeschreibungen:

1. Fügen Sie alle Zutaten in den Mixer
2. Mischen, um eine glatte Konsistenz zu bilden
3. Eiswürfel von oben hinzufügen, um es zu kühlen

Ernährung:

Kohlenhydrate: 37,1 g

Protein: 6,5 g

Fette: 5.4 g

Kalorien: 183 Kcal

Grüne Pina Colada

Zubereitungszeit: 5 Minuten

Portionen: 2

Zutaten

- Vollfette Kokosmilch: 250 ml
- Frische Ananas: 330 g gehackt
- Banane: 1
- Frischer Spinat: 30 g
- Wasser: 125 ml
- Sesamsamen: 2 EL

Wegbeschreibungen:

1. Fügen Sie alle Zutaten in den Mixer
2. Mischen, um eine glatte Konsistenz zu bilden

Ernährung:

Kohlenhydrate: 36,7 g

Protein: 6,4 g

Fette: 6.5 g

Kalorien: 198 Kcal

Guava Smoothie

Zubereitungszeit: 5 Minuten

Portionen: 1

Zutaten

- Große Banane: 1 gefroren
- Guava: 2 Tassen entgededed und gewürfelt
- Ungesüßte Mandelmilch: 3/4 Tasse

Wegbeschreibungen:

1. Fügen Sie alle Zutaten in den Mixer
2. Mischen, um eine glatte Konsistenz zu bilden

Ernährung:

Kohlenhydrate: 75g

Protein: 9,7 g

Fette: 3.6 g

Kalorien: 425Kcal

Mango-Bananen-Smoothie

Zubereitungszeit: 5 Minuten

Portionen: 1

Zutaten

- Mandelbutter: 1 EL
- Gefrorene Mango-Stücke: 1/2 Tasse
- Banane: 1 klein
- Leinsamen: 1 TL
- gemahlener Zimt: 1/4 TL
- Hanfsamen: 1 TL
- Kokosmilch: 1 Tasse Getränk

Wegbeschreibungen:

1. Fügen Sie alle Zutaten in den Mixer
2. Mischen, um eine glatte Konsistenz zu bilden

Ernährung:

Kohlenhydrate: 27,2 g

Protein: 10 g

Fette: 15.1 g

Kalorien: 270 Kcal

Mango Mandeln Smoothie

Zubereitungszeit: 5 Minuten

Portionen: 1

Zutaten

- Gefrorene Mango-Stücke: 1 Tasse
- Mandeln: 1/4 Tasse ganz
- Hafermilch: 1/2 Tasse
- Gefrorene Banane: 1 große in Scheiben geschnitten

Wegbeschreibungen:

1. Fügen Sie alle Zutaten in den Mixer
2. Mischen bis glatt

Ernährung:

Kohlenhydrate: 73,1 g

Protein: 10,5 g

Fette: 18.7 g

Kalorien: 486 Kcal

Orange Nüsse Smoothie

Zubereitungszeit: 5 Minuten

Portionen: 4 Tassen

Zutaten

- Erdnüsse: 1 Tasse
- Mandeln: 1 Tasse
- Erdbeeren: 6
- Orange: 1
- Ananas: 1 Tasse gehackt
- Wasser: 1 Tasse

Wegbeschreibungen:

1. Fügen Sie alle Zutaten in den Mixer
2. Mischen, um eine glatte Konsistenz zu bilden

Ernährung:

Kohlenhydrate: 25,2 g

Protein: 15,5 g

Fette: 18.6 g

Kalorien: 462 Kcal

Kiwi und Mandeln Smoothie

Zubereitungszeit: 5 Minuten

Portionen: 2

Zutaten

- Mandeln: 1/2 Tasse
- Kokosmilch: 1 Tasse
- Kiwi: 1 Medium geschält und in Scheiben geschnitten
- Banane:1 in Scheiben geschnitten
- Eiswürfel: 4
- Avocado: 1/2 klein
- Babyspinat:1 Tasse leicht verpackt

Wegbeschreibungen:

1. Fügen Sie alle Zutaten in den Mixer
2. Mischen, um eine glatte Konsistenz zu bilden

Ernährung:

Kohlenhydrate: 37,1 g

Protein: 15,2 g

Fette: 28.3 g

Kalorien: 427 Kcal

Netz

Kalte Szechuan Nudeln

Zubereitungszeit: 15Minuten

Portionen: 2

Zutaten

- Vollkornnudeln: 275g Packung
- Zucker-Snap-Erbsen: eine Handvoll halbiert
- Geröstete Sesamsamen: 1 EL
- Gurke: 1/2 geschälte Entkernung und gehackt
- Sesamöl: 1 TL
- Roter Pfeffer: 1/2 in Scheiben geschnitten
- Grob gehackter Koriander: ein kleiner Haufen

Für das Dressing:

- Sojasauce: 2 TL
- Essig: 2 EL
- Ingwer: 3cm Stück gerieben
- Knoblauch: 1/2 Nelken zerkleinert
- Erdnussbutter: 1 EL glatt
- Chiliöl: 1 EL

Wegbeschreibungen:

1. Kochzeit: Nudeln nach Packungsanleitung
2. Nehmen Sie eine Schüssel und fügen Sie gekochte Nudeln und gießen Sie etwas Sesamöl

3. Rote Paprika,Gurken und Zucker schnappen und gut mischen

4. Alle Dressing-Zutaten gut mischen, über die Nudeln legen

5. Sesamsamen und Koriander bestreuen

Ernährung:

Kohlenhydrate: 46.8g

Protein: 13g

Fette: 17.3g

Kalorien: 408Kcal

Gebackene Süßkartoffeln mit Maissalat

Zubereitungszeit: 35 Minuten

Servieren: 4

Zutaten

Für die gebackenen Süßkartoffeln:

- 3 EL Olivenöl
- 4 mittelgroße Süßkartoffeln, geschält und in 1/2-Zoll-Würfel geschnitten
- 2 Limetten, entsaftet
- Salz und schwarzer Pfeffer nach Geschmack
- 1/4 TL Cayennepfeffer
- 2 Jakobsmuscheln, dünn geschnitten

Für den Maissalat:

- 1 (15 ozcan süße Maiskerne, entwässert
- 1/2 EL, Pflanzenbutter, geschmolzen
- 1 große grüne Chili, entsiet und gehackt
- 1 TL Kreuzkümmelpulver

Wegbeschreibungen

Für die gebackenen Süßkartoffeln:

1. Den Ofen auf 400 F vorheizen und ein Backblech mit Kochspray leicht einfetten.

2. In einer mittleren Schüssel die Süßkartoffeln,

Limettensaft, Salz, schwarzen Pfeffer und Cayennepfeffer hinzufügen. Gut aufdas stehen und die Mischung auf das Backblech verteilen. Im Ofen backen, bis die Kartoffeln erweichen, 20 bis 25 Minuten.

3. Aus dem Ofen nehmen, auf eine Servierplatte geben und mit den Jakobsmuscheln garnieren.

Für den Maissalat:

In einer mittleren Schüssel die Maiskerne, Butter, grüne Chili und Kreuzkümmelpulver mischen. Die Süßkartoffeln mit dem Maissalat servieren.

Ernährung:

Kalorien 372

Fette 20.7g

Kohlenhydrate 41.7g

Protein 8.9g

Cremige Knoblauch Pasta

Zubereitungszeit: 30 Minuten

Portionen: 2

Zutaten

- Allzweckmehl: 4 EL

- Vollkornnudeln: 1 1/4 Tasse

- Knoblauch: 8 große Nelken

- Traubentomaten: 3 Tassen die Hälfte

- Schalotten: 2 mittelgewürfelt

- Olivenöl

- Salz: nach Ihrem Geschmack

- Schwarzer Pfeffer: nach Ihrem Geschmack

- Ungesüßte reine Mandelmilch: 2 1/2 Tasse

Wegbeschreibungen:

1. Den Ofen auf 204C vorheizen

2. Halbe Tomaten auf das mit Pergamentpapier ausgekleidete Backblech geben

3. Mit Olivenöl bürsten und Salz darauf streuen und 20 Minuten backen

4. Kochzeit: Pasta nach Packungsanleitung

5. Sauce nebeneinander zubereiten, eine Pfanne nehmen und 1 Esslöffel Olivenöl hinzufügen

6. Schalotte und Knoblauch zugeben und rühren

7. Salz und Pfeffer bestreuen und mischen und Kochen: für 4 Minuten, bis es erweicht

8. Mehl zugeben und Mandelmilch mischen und wieder eine Prise Salz und Pfeffer dazugeben

9. Kochzeit: bis verdickt und Knoblauch hinzufügen

10. Mischen Sie die Sauce, um es cremiger zu machen und zurück in die Pfanne, um aufzuwärmen

11. Jetzt Pasta und Top mit Tomaten hinzufügen und mischen

12. Sofort servieren, wenn es heiß ist

Ernährung:

Kohlenhydrate: 63,8 g

Protein: 11,8 g

Fette: 8.9 g

Kalorien: 378 Kcal

Knoblauch Gemüse Pasta

Zubereitungszeit: 40 Minuten

Portionen: 2

Zutaten

- Pasta: 1 Tasse (nach dem Kochen
- Olivenöl: 2 EL
- Knoblauch: 2 Nelken gehackt
- Kichererbsen: 1 Tasse Dose
- Rote Zwiebel: 1 kleine gewürfelte
- Paprika: 1 Tasse gewürfelt
- Tomaten: 1 Tasse gewürfelt
- Chili-Pulver: 1 TL
- Kümmel: 1 TL
- Salz: 1 TL
- Schwarzer Pfeffer: 1/2 TL
- Knoblauch ganz: 1
- Cashew-Creme: 1/2 Tasse
- Cilantro: 2 EL gehackt

Wegbeschreibungen:

1. Kochzeit: Pasta nach Packungsanleitung
2. Knoblauch im Ofen rösten, indem man 30 Minuten ölt
3. Nehmen Sie einen großen Topf und fügen Sie Olivenöl

und Hitze auf mittlere Flamme

4. Zwiebel und Knoblauch in die Pfanne und Kochzeit geben: für eine Minute

5. Nun Paprika, Tomaten, Kichererbsen, Kreuzkümmel, Salz, Pfeffer und Chilipulver zugeben und rühren

6. Kochzeit: für 10 Minuten

7. Den Löffel rühren und gekochte Pasta hinzufügen

8. Knoblauch in Scheiben schneiden und in die Nudeln geben und in die Sahne mischen

9. Abdeckung und Kochzeit: für 2 Minuten bei niedriger Flamme und von der Hitze entfernen

10. Cilantro oben bestreuen und servieren

Ernährung:

Kohlenhydrate: 60g

Protein: 15.4g

Fette: 19.6g

Kalorien: 543Kcal

Gebratene grüne Pasta

Zubereitungszeit: 30 Minuten

Portionen: 2

Zutaten

- Pasta: 1 Tasse gekocht
- Langstämmige Brokkoli: 1 Tasse
- Kale: 1 Tasse
- Olivenöl: 1 EL
- Erbsen: 1 Tasse
- Salz: nach Ihrem Geschmack
- Geräucherter Paprika: 1/2 TL

Wegbeschreibungen:

1. Kochzeit: Pasta nach Packungsanleitung
2. Nehmen Sie eine Pfanne und erhitzen Olivenöl
3. Nehmen Sie eine Schüssel und fügen Sie Brokkoli, Erbsen, Salz, Paprika und gut mischen und in die Pfanne geben
4. Bei niedriger Hitze 20 Minuten braten und zwischendurch einbiegen
5. Grünkohl in den letzten Minuten hinzufügen
6. Pasta mischen und Saison

Ernährung:

Kohlenhydrate: 42.5g

Protein:13.4g

Fette: 10.5g

Kalorien:227.2Kcal

Bbq Black Bean Burger

Zubereitungszeit: 20 Minuten

Servieren: 4

Sagen Sie Hallo zu Ihrem neuen gewinnenden Burger.

Zutaten

- 3 (15 Ozcans schwarze Bohnen, entwässert und gespült
- 2 EL Vollkornmehl
- 2 EL schnell kochender Hafer
- 1/4 Tasse gehacktes frisches Basilikum
- 2 EL reine Barbecue-Sauce
- 1 Knoblauchzehe, gehackt
- Salz und schwarzer Pfeffer nach Geschmack
- 4 Vollkorn-Hamburgerbrötchen, geteilt

Zum Topping:

- Rote Zwiebelscheiben
- Tomatenscheiben
- Frische Basilikumblätter
- Zusätzliche Barbecue-Sauce

Wegbeschreibungen

1. In einer mittleren Schüssel die schwarzen Bohnen zerdrücken und Mehl, Hafer, Basilikum, Barbecue-Sauce, Knoblauchsalz und schwarzen Pfeffer vermischen, bis sie gut kombiniert sind. 4 Patties aus der Mischung formen und beiseite stellen.

2. Eine Grillpfanne auf mittlere Hitze erhitzen und mit Kochspray leicht fetten.

3. Kochzeit: die Bohnenpatties auf beiden Seiten bis hellbraun und durchgegart, 10 Minuten.

4. Die Patties zwischen die Burgerbrötchen legen und mit Zwiebeln, Tomaten, Basilikum und etwas Barbecue-Sauce aufziehen.

5. Warm servieren.

Ernährung:

Kalorien 589

Fette 17,7 g | Kohlenhydrate 80.9g

Protein 27,9 g

Gemischte Bohnen Burger mit Cashew-Käse

Zubereitungszeit: 30 Minuten

Servieren: 4

Zutaten

- 1 (15 ozcan Kichererbsen, entwässert und gespült
- 1 (15 ozcan pinto Bohnen, entwässert und gespült
- 1 (15 ozcan rote Kidneybohnen, entwässert und gespült
- 2 EL Vollkornmehl
- 1/4 Tasse getrocknete gemischte Kräuter
- 1/4 TL heiße Sauce
- 1/2 TL Knoblauchpulver
- Salz und schwarzer Pfeffer nach Geschmack
- 4 Scheiben Cashewkäse
- 4 Vollkorn-Hamburgerbrötchen, geteilt
- 4 kleine Salatblätter zum Topping

Wegbeschreibungen

1. In einer mittleren Schüssel die Kichererbsen, Pintobohnen, Kidneybohnen zerdrücken und Mehl, gemischte Kräuter, heiße Soße, Knoblauchpulver, Salz und schwarzen Pfeffer mischen. 4 Patties aus der Mischung formen und beiseite stellen.

2. Eine Grillpfanne auf mittlere Hitze erhitzen und mit Kochspray leicht fetten.

3. Kochzeit: die Bohnenpatties auf beiden Seiten bis hellbraun und durchgegart, 10 Minuten.

4. Legen Sie eine Cashew-Käse-Scheibe auf jeder und lassen Sie leichtes Schmelzen, 2 Minuten.

5. Die Patties zwischen den Burgerbrötchen und oben mit dem Salat entfernen und warm servieren.

Ernährung:

Kalorien 456

Fette 16.8g

Kohlenhydrate 56.1g

Protein 24g

140. Gochujang Blumenkohl Spaghetti

Zubereitungszeit: 45 Minuten

Portionen: 2

Zutaten

- Spaghetti: 2 Tassen

- Olivenöl: 2 EL

- Blumenkohl: 2 Tassen in großen Blüten geschnitten

- Gochujang: 2 EL

- Reiseessig: 1 EL

- In Scheiben geschnittener roter Pfeffer: 1 Tasse in Scheiben geschnitten

- Karotte: 2 in Scheiben geschnitten

- Salz: nach Ihrem Geschmack

- Pfeffer: nach Ihrem Geschmack

- Koriander: 1/2 Tasse gehackt

Wegbeschreibungen:

1. Kochzeit: Spaghetti nach Packungsanleitung

2. Den Ofen 200C vorheizen

3. Blumenkohl zum Backblech geben und würzen und mit Olivenöl bürsten

4. 25 Minuten braten, bis es golden und weich wird

5. Aus Ofen nehmen und mit Gochujang und Kochzeit bürsten: im Ofen wieder 10 Minuten

6. In die Schüssel geben und mit Karotten und rotem Paprika vermischen

7. Mit Salz, Koriander und Pfeffer würzen und Essig von oben gießen

8. Spaghetti auf dem Serviertablett verteilen und mit dem Blumenkohl bedecken

Ernährung:

Kohlenhydrate: 52.5g

Protein: 10.9g

Fette: 15.5g

Kalorien: 404Kcal

Nussige Tofu Laib

Zubereitungszeit: 65 Minuten

Servieren: 4

Zutaten

- 2 EL Olivenöl + extra zum Bürsten
- 2 weiße Zwiebeln, fein gehackt
- 4 Knoblauchzehen, gehackt
- 1 pfund fester Tofu, gepresst und zerbröselt
- 2 EL Sojasauce
- 3/4 Tasse gehackte gemischte Nüsse
- 1/4 Tasse Leinsamen-Mahlzeit
- 1 EL Sesamsamen
- 1 Tasse gehackte gemischte Paprika
- Salz und schwarzer Pfeffer nach Geschmack
- 1 EL italienische Würze
- 1/2 TL reiner Dattelsirup
- 1/2 Tasse Tomatensauce

Wegbeschreibungen

1. Den Ofen auf 350 F vorheizen und eine 8 x 4-Zoll-Laibpfanne mit Olivenöl einfetten.

2. 1 EL Olivenöl in einer kleinen Pfanne erhitzen und Zwiebel und Knoblauch anbraten, bis sie weich und

duftend sind, 2 Minuten.

3. Die Zwiebelmischung in eine große Schüssel geben und mit Tofu, Sojasauce, Nüssen, Leinsamenmehl, Sesamsamen, Paprika, Salz, schwarzem Pfeffer, italienischer Würze und Dattelsirup vermischen, bis sie gut kombiniert sind.

4. Die Mischung in die Laibpfanne löffeln, darauf drücken und die Tomatensauce darüber verteilen.

5. Backen Sie den Tofu-Laib im Ofen für 45 Minuten bis 1 Stunde oder bis gut verdichtet.

6. Die Laibpfanne aus dem Ofen nehmen, den Tofulaib auf ein Schneidebrett umkehren und 5 Minuten abkühlen lassen. Schneiden und warm servieren.

Ernährung:

Kalorien 544

Fette 39,2 g | Kohlenhydrate 30.4g

Protein 25g

Taco Reisschalen

Zubereitungszeit: 50 Minuten

Servieren: 4

Zutaten

- 2 EL Olivenöl

- 2 Tassen gehackte Soja-Chorizo

- 1 TL Taco-Gewürz

- 2 grüne Paprika, entblafft und in Scheiben geschnitten

- 1 Tasse brauner Reis

- 2 Tassen Gemüsebrühe

- Salz nach Geschmack

- 1/4 Tasse Salsa

- 1 Zitrone, zested und saftes

- 1 (8 Ozcan Pinto Bohnen, entwässert und gespült

- 1 (7 ozcan süße Maiskerne, entwässert

- 2 grüne Zwiebeln, gehackt

- 2 EL frisch gehackte Petersilie

Wegbeschreibungen

1. Das Olivenöl in einem mittelgroßen Topf und Kochzeit erhitzen: die Soja-Chorizo bis goldbraun, 5 Minuten.

2. Mit dem Taco würzen und die Paprika unterrühren; Kochzeit: bis die Paprika leicht erweichen, 3 Minuten.

3. Braunen Reis, Gemüsebrühe, Salz, Salsa und Zitronenschale unterrühren.

4. Schließen Sie den Deckel und Die Kochzeit: das Essen, bis der Reis zart ist und die gesamte Flüssigkeit absorbiert wird, 15 bis 25 Minuten.

5. Zitronensaft, Pintobohnen, Maiskerne und grüne Zwiebeln unterrühren. Die Erwärmung für 3 bis 5 Minuten zulassen und das Essen aufspeisen.

6. Mit der Petersilie garnieren und warm servieren.

Ernährung:

Kalorien 253

Fette 8.4g

Kohlenhydrate 32.7g

Protein 15.5g

Rote Sauce Pilz Pizza

Zubereitungszeit: 40 Minuten

Servieren: 4

Zutaten

Für die Kruste:

- 2 EL Leinsamenpulver + 6 EL Wasser
- 1/2 Tasse Tofu Mayonnaise
- 3/4 Tasse Vollkornmehl
- 1 TL Backpulver
- 1/2 TL Salz

Für das Topping:

- 1 Tasse in Scheiben geschnittengemischte Pilze
- 2 EL Olivenöl
- 1 EL Basilikumpesto
- Salz und schwarzer Pfeffer
- 1/2 Tasse rote Pizzasauce
- 3/4 Tasse geschredderter pflanzlicher Parmesankäse

Wegbeschreibungen

1. Den Ofen auf 350 F vorheizen.
2. In einer mittleren Schüssel das Leinsamenpulver mit Wasser vermischen und 5 Minuten verdicken lassen, um das Leinsei zu machen. In Tofu Mayonnaise,

Vollkornmehl, Backpulver und Salz mischen, bis sich Teig bildet. Den Teig auf einer Pizzapfanne verteilen und im Ofen 10 Minuten backen oder bis der Teig untergeht.

3. In einer mittleren Schüssel die Pilze, Olivenöl, Basilikumpesto, Salz und schwarzen Pfeffer mischen.

4. Entfernen Sie die Pizzakruste die Pizzasauce auf der Oberseite verteilen. Pilzmischung auf der Kruste streuen und mit pflanzlichem Parmesankäse überstreuen. Backen Sie weiter, bis der Käse schmilzt und die Pilze erweichen, 10 bis 15 Minuten. Die Pizza entfernen, in Scheiben schneiden und servieren.

Ernährung:

Kalorien 515

Fette 35g | Kohlenhydrate 35.9g

Protein 16.2g

Süße Quinoa Veggie Burger

Zubereitungszeit: 35 Minuten

Servieren: 4

Zutaten

- 1 Tasse Schnellkochen Quinoa
- 1 EL Olivenöl
- 1 Schalotte, gehackt
- 2 EL gehackter frischer Sellerie
- 1 Knoblauchzehe, gehackt
- 1 (15 ozcan pinto Bohnen, entwässert und gespült
- 2 EL Vollkornmehl
- 1/4 Tasse gehacktes frisches Basilikum
- 2 EL reiner Ahornsirup
- Salz und schwarzer Pfeffer nach Geschmack
- 4 Vollkorn-Hamburgerbrötchen, geteilt
- 4 kleine Salatblätter zum Topping
- 1/2 Tasse Tofu Mayonnaise zum Topping

Wegbeschreibungen

1. Kochzeit: die Quinoa mit 2 Tassen Wasser in einem mittleren Topf, bis Flüssigkeit absorbiert, 10 bis 15 Minuten.

2. In der Zwischenzeit das Olivenöl in einer mittleren

Pfanne bei mittlerer Hitze erhitzen und die Schalotte, Sellerie und Knoblauch anbraten, bis sie weich und duftend sind, 3 Minuten.

3. Die Quinoa- und Schalottenmischung in eine mittlere Schüssel geben und die Pintobohnen, Mehl, Basilikum, Ahornsirup, Salz und schwarzen Pfeffer dazugeben. Maische und Form 4 Patties aus der Mischung und beiseite stellen.

4. Eine Grillpfanne auf mittlere Hitze erhitzen und mit Kochspray leicht fetten. Kochzeit: die Patties auf beiden Seiten bis hellbraun, verdichtet und durchgegart, 10 Minuten. Legen Sie die Patties zwischen die BurgerBrötchen und oben mit dem Salat und Tofu Mayonnaise. Warm servieren.

Ernährung:

Kalorien 290

Fette 6.2g

Kohlenhydrate 50.2g

Protein 12g

Grüne Bein und Pilz Biryani

Zubereitungszeit: 50 Minuten

Servieren: 4

Zutaten

- 1 Tasse brauner Reis
- 2 Tassen Wasser
- Salz nach Geschmack
- 3 EL Pflanzenbutter
- 3 mittelgroße weiße Zwiebeln, gehackt
- 6 Knoblauchzehen, gehackt
- 1 TL Ingwerpüree
- 1 EL Kurkumapulver + mehr zum Abstauben
- 1/4 TL Zimtpulver
- 2 TL Garam Masala
- 1/2 TL Kardamompulver
- 1/2 TL Cayennepulver
- 1/2 TL Kreuzkümmelpulver
- 1 TL geräucherter Paprika
- 3 große Tomaten, gewürfelt
- 2 grüne Chilischoten, entgedt und gehackt
- 1 EL Tomatenmark
- 1 Tasse gehackte Cremini Pilze

- 1 Tasse gehackte Senfgrüns
- 1 Tasse pflanzlicher Joghurt zum Topping

Wegbeschreibungen

1. Die Butter in einem großen Topf schmelzen und die Zwiebeln anbraten, bis sie erweicht sind, 3 Minuten. Knoblauch, Ingwer, Kurkuma, Kardamompulver, Garam Masala, Kardamompulver, Cayennepfeffer, Kreuzkümmelpulver, Paprika und Salz mischen. Rühren Sie beim Kochen bis zum Duft, 1 bis 2 Minuten.

2. Tomaten, grüne Chili, Tomatenpüree und Pilze unterrühren. Nach dem Kochen den Reis unterrühren und mit Wasser bedecken. Bedecken Sie den Topf und die Kochzeit: bei mittlerer Hitze, bis die Flüssigkeit absorbiert und der Reis zart ist, 15-20 Minuten.

3. Öffnen Sie den Deckel und Denflaum in den Senfgrüns und die Hälfte der Petersilie. Das Essen aufbefüllen, mit dem Kokosjoghurt auffüllen, mit der restlichen Petersilie garnieren und warm servieren.

Ernährung:

Kalorien 255

Fette 16,8 g | Kohlenhydrate 25.6g

Protein 5.8g

Gazpacho Spaghetti

Zubereitungszeit: 15 Minuten

Portionen: 2

Zutaten

- Spaghetti : 160g
- Rote Zwiebel: 1/2 grob gehackt
- Grüner Pfeffer: 1 gehackt
- Kirschtomaten:250g
- Tabasco: ein guter Strich
- Knoblauch: 1/2 Nelken
- Essig: 1 EL
- Basi l ein kleiner Haufen

Wegbeschreibungen:

1. Kochzeit: Pasta nach Packungsanleitung
2. In der Zwischenzeit einen Mixer nehmen und Tomaten, Knoblauch, Zwiebeln und Pfeffer hinzufügen und
3. Salz, Tabasco und Essig zugeben und gut kombinieren
4. Fügen Sie die Sauce in die Paste
5. Top mit Basilikum und servieren

Ernährung:

Kohlenhydrate: 69g

Protein: 12.7g

Fette: 2.3g

Kalorien: 364sKcal

Kohl & Paprika Skillet

Zubereitungszeit: 30 Minuten

Servieren: 4

Profitieren Sie von der Küche meiner Großmutter.

Zutaten

- 1 Dose (28 ozwhole Pflaumentomaten, ungeregnet
- 1 lb zerbröckelt tempeh
- 1 große gelbe Zwiebel, gehackt
- 1 Dose (8 oztomatensauce)
- 2 EL Schlichtessig
- 1 EL reiner Dattelzucker
- 1 TL getrocknete Mischkräuter
- 3 große Tomaten, gehackt
- 1/2 TL schwarzer Pfeffer
- 1 kleiner Kopfkohl, dünn geschnitten
- 1 mittelgrüne Paprika, entstellt und in dünne Streifen geschnitten

Wegbeschreibungen

1. Die Tomaten abtropfen lassen und ihre Flüssigkeit reservieren. Die Tomaten hacken und beiseite stellen.
2. Fügen Sie die Tempeh zu einer großen Pfanne und

Kochzeit: bis braun, 10 Minuten. Zwiebel, Tomatensauce, Essig, Dattelzucker, gemischte Kräuter und gehackte Tomaten unterrühren. Schließen Sie den Deckel und die Kochzeit: bis die Flüssigkeit abnimmt und die Tomate erweicht, 10 Minuten.

3. Kohl und Paprika unterrühren; Kochzeit: bis erweicht, 5 Minuten.

4. Das Essen aufteilen und mit gekochtem braunem Reis servieren.

Ernährung:

Kalorien 403

Fette 16.9g

Kohlenhydrate 44.1g

Protein 27.3g

Bohnen, Tomaten & Mais Quesadillas

Zubereitungszeit: 35 Minuten

Servieren: 4

Zutaten

- 1 TL Olivenöl

- 1 kleine Zwiebel, gehackt

- 1/2 mittelrote Paprika, entlüftet und gehackt

- 1 (7 Ozcan gehackte Tomaten

- 1 (7 Ozcan schwarze Bohnen, entwässert und gespült

- 1 (7 ozcan süße Maiskerne, entwässert

- 4 Vollkorn-Tortillas

- 1 Tasse geriebener Cheddar-Käse auf Pflanzlicher Basis

Wegbeschreibungen

1. Das Olivenöl in einer mittleren Pfanne erhitzen und die Zwiebel und Paprika anbraten, bis sie erweicht sind, 3 Minuten.

2. Tomaten, schwarze Bohnen, Mais und Kochzeit vermischen: bis die Tomaten erweichen, 10 Minuten. Mit Salz und schwarzem Pfeffer abschmecken.

3. Erhitzen Sie eine weitere mittlere Pfanne bei mittlerer Hitze und legen Sie in einer Tortilla. Ein Viertel der Tomatenmischung darüber verteilen, ein Viertel des Pflanzenkäses auf die Sauce streuen und mit einer

weiteren Tortilla bedecken. Kochzeit: bis der Käse schmilzt. Flip und Kochzeit: weiter für 2 Minuten.

4. Auf einen Teller geben und mit den restlichen Zutaten noch ein Stück dazugeben.

5. Schneiden Sie jede Tortilla in Viertel und servieren Sie sofort.

Ernährung:

Kalorien 197

Fette 6.4g

Kohlenhydrate 30.2g

Protein 6.6g

Bohnen & Reis Burritos

Zubereitungszeit: 50 Minuten

Servieren: 4

Zutaten

- 1 Tassen brauner Reis
- Salz und schwarzer Pfeffer nach Geschmack
- 1 EL Olivenöl
- 1 mittelgroße rote Zwiebel, gehackt
- 1 mittelgroße grüne Paprika, entgedt und gewürfelt
- 2 Knoblauchzehen, gehackt
- 1 EL Chilipulver
- 1 TL Kreuzkümmelpulver
- 1/8 TL rote Chiliflocken
- 1 (15 Ozcan schwarze Bohnen, gespült und entwässert
- 4 (8-Zoll-Vollkornmehl-Tortillas, erwärmt
- 1 Tasse Salsa
- 1 Tasse Kokoscreme zum Topping
- 1 Tasse geriebener Cheddar-Käse auf Pflanzlicher Basis zum Topping

Wegbeschreibungen

1. Fügen Sie 2 Tassen Wasser und braunen Reis in den mittleren Topf, würzen mit etwas Salz, und Kochzeit:

bei mittlerer Hitze, bis das Wasser absorbiert und der Reis ist zart, 15 bis 20 Minuten.

2. Das Olivenöl in einer mittleren Pfanne bei mittlerer Hitze erhitzen und Zwiebel, Paprika und Knoblauch so lange anbraten, bis die erweichtund und duftend 3 Minuten beträgt.

3. Chilipulver, Kreuzkümmelpulver, rote Chiliflocken verrühren und mit Salz und schwarzem Pfeffer abschmecken. Kochzeit: für 1 Minute oder bis das Essen Duft freisetzt. Den braunen Reis, schwarze Bohnen unterrühren und 3 Minuten wärmen lassen.

4. Legen Sie die Tortillas auf eine saubere, flache Oberfläche und teilen Sie die Reismischung in der Mitte jedes. Top mit salsa, Kokoscreme und Pflanzen Cheddar-Käse. Falten Sie die Seiten und Enden der Tortillas über die Füllung zu sichern. Sofort servieren.

Ernährung:

Kalorien 421

Fette 29.1g

Kohlenhydrate 37g

Protein 9.3g

SIDES UND SALADS

Würziger Brokkoli-Salat

Zubereitungszeit: 45 Minuten

Portionen: 2

Zutaten

- Brokkoli: 2 Tassen in großen Blüten geschnitten
- Heiße Sauce: 2 EL
- Reiseessig: 1 EL
- Salz: nach Ihrem Geschmack
- Pfeffer: nach Ihrem Geschmack
- In Scheiben geschnittener roter Pfeffer: 1 Tasse in Scheiben geschnitten
- Olivenöl: 1 EL

Wegbeschreibungen:

1. Den Ofen 200C vorheizen
2. Brokkoli auf das Backblech geben und würzen und mit Olivenöl bürsten
3. 25 Minuten braten, bis es golden und weich wird
4. Nehmen Sie eine kleine Schüssel und kombinieren Sie heiße Sauce, Essig, Salz und Pfeffer
5. Brokkoli aus dem Ofen nehmen und mit diesem Dressing und der Garzeit bürsten: im Ofen wieder 10 Minuten
6. In die Servierschüssel geben und mit rotem Pfeffer

servieren

7. Als Beilage servieren

Ernährung:

Kohlenhydrate: 10,5 g

Protein:2.6g

Fette: 7.5g

Kalorien: 133Kcal

Gebratener Spargel mit Feta-Käsesalat

Zubereitungszeit: 10 Minuten

Kochzeit: 20 Minuten

Portionsgröße: 4

Zutaten:

- 1 Pfund Spargel, getrimmt und halbiert
- 2 EL Olivenöl
- 1/2 TL getrocknetes Basilikum
- 1/2 TL getrockneter Oregano
- Salz und frisch gemahlener schwarzer Pfeffer nach Geschmack
- 1/2 TL Hanfsamen
- 1 EL Ahorn (zuckerfreier Sirup
- 1/2 Tasse Rucola
- 4 EL zerbröckelter Fetakäse
- 2 EL Haselnüsse
- 1 Zitrone, in Keile geschnitten

Wegbeschreibungen:

1. Backofen auf 350oF vorheizen.
2. Spargel auf ein Backblech gießen, mit Olivenöl, Basilikum, Oregano, Salz, schwarzem Pfeffer und Hanfsamen beträufeln. Mit den Händen mischen und im Ofen für 15 Minuten rösten.

3. Mit Ahornsirup entfernen, beträufeln und weiterkochen, bis er leicht verkohlt ist, 5 Minuten.

4. Rucola in einer Salatschüssel verteilen und mit Spargel bedecken. Mit Fetakäse, Haselnüssen streuen und mit Zitronenkeilchen servieren.

Ernährung:

Kalorien 146, Gesamtfett 12,87g, Total Kohlenhydrate 5,07g, Ballaststoffe 1,6g, Nettokohlenhydrate 3,47g, Protein 4,44g

Würzige Avocado-Bisse

Zubereitungszeit: 25 Minuten

Portionen: 4

Zutaten

- Avocado püriert:1
- Gurken:2in dicke Scheiben schneiden
- Zitrone: 1 TL
- Salz und Pfeffer: nach Ihrem Geschmack
- Vegane Chipotle Mayo:2 EL
- Würzig geröstete Kichererbsen:1/2 Packung
- Frische Kräuter:3 EL

Wegbeschreibungen:

1. Zitrone hinzufügen und der pürierten Avocado würzen
2. Auf jede Gurkenscheibe legen und mit Kichererbsen pressen
3. Top mit Kräutern und Mayo und servieren

Ernährung:

Kohlenhydrate: 5 g

Protein: 1 g

Fette: 10 g

Kalorien: 110 Kcal

Stir Fry Kurkuma Butternuss Squash

Zubereitungszeit: 30 Minuten

Portionen: 2

Zutaten

- Olivenöl: 2 EL
- Butternuss-Kürbis: 2 Tassen
- Kurkuma: 1 TL
- Salz: nach Ihrem Geschmack
- Roter Pfeffer: 1/2 TL

Wegbeschreibungen:

1. Nehmen Sie eine Pfanne und erhitzen Olivenöl
2. Nehmen Sie eine Schüssel und fügen Sie Butternuss-Kürbis, Salz, Kurkuma, Pfeffer und gut mischen und fügen Sie in die Pfanne
3. Bei niedriger Hitze 20 Minuten braten und zwischendurch einbiegen
4. Als Salat mit dem Hauptgericht servieren

Ernährung:

Kohlenhydrate: 22g

Protein:1.9g

Fette:14.2g

Kalorien: 201Kcal

Brokkoli, Kelp und Feta Salat

Zubereitungszeit: 15 Minuten

Portionsgröße: 4

Zutaten:

- 2 EL Olivenöl

- 1 EL Weißweinessig

- 2 EL Chiasamen

- Salz und frisch gemahlener schwarzer Pfeffer nach Geschmack

- 2 Tassen Brokkoli Slaw

- 1 Tasse gehackter Seetang, gründlich gewaschen und gedämpft

- 1/3 Tasse gehackte Pekannüsse

- 1/3 Tasse Kürbiskerne

- 1/3 Tasse Heidelbeeren

- 2/3 Tasse Ricotta-Käse

Wegbeschreibungen:

1. In einer kleinen Schüssel Olivenöl, Weißweinessig, Chia-Samen, Salz und schwarzen Pfeffer. Beiseite.

2. In einer großen Salatschüssel den Brokkoli-Slaw, Kelp, Pekannüsse, Kürbiskerne, Heidelbeeren und Ricotta-Käse kombinieren.

3. Nieselregen Dressing auf der Oberseite, werfen, und

servieren.

Ernährung:

Kalorien 397, Gesamtfett 3,87g, Total Kohlenhydrate 8.4g, Fiber 3.5g, Net Carbs 4.9g, Protein 8.93g

Spinat Hummus

Zubereitungszeit: 10 Minuten

Portionen: 4 als Beilage

Zutaten

- Kichererbsen: 2 Tassen Zinn entwässert und gespült
- Babyspinat: 1 Tasse
- Tahini: 3 EL
- Knoblauch: 1 Nelken
- Zitrone: 2 EL
- Natives Olivenöl extra: 3 EL, plus Extra zum Servieren
- Salz: nach Ihren Wünschen

Wegbeschreibungen:

- Babyspinat, Kichererbsen, Tahini, Olivenöl, Salz und Knoblauch in einem Mixer vermischen
- Zitronensaft zugeben und mischen
- In die Servierschüssel geben und mit zusätzlichem Olivenöl verzappen

Ernährung:

Kohlenhydrate: 25.8g

Protein: 10.7g

Fette: 18.6g

Kalorien: 296Kcal

SOUPS UND STEWS

Steinpilz und Gerstensuppe

Zubereitungszeit: 10 MinutenPortionen: 6

Zutaten:

- 4ounces shiitake Pilze, stielt und in Scheiben geschnitten
- 1/2Tasse Perlgerste
- 1/2ounce getrocknete Steinpilze, gespült
- 1Onion, gehackt
- 1(14-Unzencan zerkleinerte Tomaten
- 1große Karotte, gehackt
- 1teespoon getrockneter Thymian
- 5 Tassen Gemüsebrühe

- 8ounces Pilze, in Scheiben geschnitten
- 2 Esslöffel Sojasauce
- 2Teelöffel Olivenöl (optional
- Salz und schwarzer Pfeffer

Wegbeschreibungen:

1. In Ihren Instanttopf fügen Sie den Pilz, Brühe, Würze, Kräuter, Gewürze und Gemüse.
2. Die Perlgerste dazugeben und gut vermischen.
3. Deckel mit Deckel und Kochzeit: für ca. 8 Minuten.
4. Heiß servieren.

Spargel Cashew Creme Suppe

Zubereitungszeit: 30 Minuten

Portionen: 2

Zutaten

- Spargel: 2 Tassen
- Gemüsebrühe: 4 Tassen
- Sesamsamen: 2 EL
- Zitronensaft: 1 EL
- Knoblauch: 4 Nelken zerkleinert
- Cashew-Creme: 1/2 Tasse
- Zwiebel: 1 gehackt
- Olivenöl: 2 EL

- Salz & Pfeffer: nach Ihrem Geschmack

Vorbereitung

1. Nehmen Sie einen großen Topf und fügen Sie Olivenöl hinzu

2. Zwiebel und Knoblauch anbraten, bis sie goldbraun werden

3. Spargel hacken und zusammen mit dem Gemüsebrühe in die Pfanne geben

4. Lassen Sie es kochen und dann Kochen Zeit: bei niedriger Hitze für 20 Minuten

5. Wenn Sie fertig sind, fügen Sie Sesamsamen, Zitronensaft und Salz und Pfeffer nach Ihrem Geschmack hinzu

6. Mit Cashewcreme oben aufservieren

Ernährung:

Kohlenhydrate: 11 g

Protein: 9,4 g

Fette: 18.3 g

Kalorien: 243.5 Kcal

Alle Gewürze Linsen Bohnensuppe

Zubereitungszeit: 45 Minuten

Portionen: 4

Zutaten

- Rote Linsen: 1 Tasse gewaschen und entwässert
- Karotte: 2 mittelgehackt
- Bohnen: 1 Tasse entwässert
- Wasser: 3 Tassen
- Knoblauch: 3 Nelken gehackt
- Zwiebel: 1 Medium fein gehackt
- Gemahlener Kreuzkümmel: 1 TL
- Muskatnuss: 1 TL
- Gemahlener Koriander: 1 TL
- Gemahlenes Allspice: 1 TL
- gemahlener Zimt: 1 TL
- gemahlener Cayenne: 1/2 TL
- Schwarzer Pfeffer: nach Ihrem Geschmack
- Natives Olivenöl extra: 2 EL
- Salz: nach Ihrem Geschmack
- Cilantro: 1 EL gehackt

Wegbeschreibungen:

1. Nehmen Sie einen Suppentopf und erhitzen Sie Öl in

ihm auf einer mittleren Flamme

2. Zwiebel hinzufügen und 4-5 Minuten braten

3. Karotten und Knoblauch zugeben und 5 Minuten rühren

4. Linsen waschen und in den Topf geben

5. Wasser hinzufügen und zum Kochen bringen

6. Senkung der Hitze und Kochzeit: und 15 Minuten abdecken, bis die Linse weich wird

7. Fügen Sie die restlichen Zutaten mit Ausnahme von Koriander und Kochzeit: für weitere 15 Minuten

8. Warm servieren mit Koriander oben

Ernährung:

Kohlenhydrate: 425 g

Protein: 8,17 g

Fette: 4 g

Kalorien: 148.75 Kcal

Zwiebelsuppe

Zubereitungszeit: 5 MinutenPortionen: 6

Zutaten:

- 4Scheiben Französisches oder italienisches Brot, gewürfelt
- 1teelöffel vegane Worcestershire-Sauce
- 2 Esslöffel Olivenöl
- 1/2Teespoon getrockneter Thymian
- 5 Tassen Gemüsebrühe
- 5Zwiebeln, in Scheiben geschnitten
- Salz und schwarzer Pfeffer

Wegbeschreibungen:

1. Fügen Sie das Öl in Ihren Instant-Topf.
2. Fügen Sie die Zwiebel und toss für 30 Sekunden.
3. Fügen Sie den Rest der Zutaten.
4. Cover und Kochzeit: ca. 3 Minuten.
5. Heiß servieren.

Basilikum Marjoram Tomatensuppe

Zubereitungszeit: 10 MinutenPortionen: 6

Zutaten:

- 1/4Tasse ölverpackte sonnengetrocknete Tomaten, gehackt
- 1(28-ouncecan Tomaten
- 1teespoon getrockneter Majoran
- 2Teelöffel Olivenöl (optional
- 2 Esslöffel Tomatenmark
- 2Knoblauchzehen, gehackt
- 1teespoon getrocknetes Basilikum
- 1 Tasse Gemüsebrühe
- 1(14-Unzencan zerkleinerte Tomaten
- 1Onion, gehackt
- 1teespoon brauner Zucker
- Salz und schwarzer Pfeffer

Wegbeschreibungen:

1. In Ihrem Instant Topf fügen Sie alle Zutaten nacheinander hinzu.
2. Mit einem Holzlöffel gut mischen.
3. Kochzeit: für 10 Minuten mit dem Deckel auf.
4. Fügen Sie die Mischung zu einem Mixer und mischen, bis glatt.

5. Heiß servieren.

Baby Spinat Kokossuppe

Zubereitungszeit: 5 MinutenPortionen: 4

Zutaten:

- 2jalape'os, gesät und gehackt
- 8ounces BabySpinat
- 1Onion, gehackt
- 1/2Teespoon frischer Thymian
- 3Knoblauchzehen, gehackt
- 1red Paprika, entkernt und gehackt
- 4 Tassen Gemüsebrühe
- 1/4Teespoon gemahlenes Allspice
- Salz und schwarzer Pfeffer
- 1(14,5-Unzencan gewürfelte Tomaten, entwässert
- 1(13,5-Unzencan Kokosmilch
- 1 1/2 Tassen gekocht dunkelrote Kidneybohnen
- 2Kartoffeln, geschält und gewürfelt

Wegbeschreibungen:

1. Den Knoblauch und die Zwiebel 30 Sekunden lang in einen Instanttopf werfen.

2. Gemüse, Kidneybohnen, Kokosmilch, Brühe, Gewürze und Kräuter hinzufügen.

3. Gut mischen und Kochzeit: für 4 Minuten mit dem Deckel auf.

4. Heiß servieren.

Kohl Karotten Rübensuppe

Zubereitungszeit: 10 MinutenPortionen: 6

Zutaten:

- 1karotte, geschreddert
- 5 Tassen Gemüsebrühe
- 2 Esslöffel frischer Zitronensaft
- 1/4Tasse gehackter frischer Dill
- 1teespoon hellbrauner Zucker
- 1/2Teelöffel Entsadersamen
- 1onion, gehackt
- 1Kartoffel, geschält und gehackt
- Salz und schwarzer Pfeffer
- 3 Tassen geschredderter Kohl
- 4 Rüben, geschält und gehackt
- 1teespoon getrockneter Thymian

Wegbeschreibungen:

1. Fügen Sie den Kohl, Karotten, Kartoffeln, Rüben in Ihrem Instanttopf.
2. Fügen Sie den Zucker, Dill, und die restlichen Zutaten.
3. Kochzeit: für 6 Minuten mit dem Deckel auf.
4. Heiß servieren.

Artischocken-Spinatsuppe

Zubereitungszeit: 20 Minuten

Portionen: 3

Zutaten

- Cannellini Bohnen: 1 Tasse gespült und entwässert
- Artischockenherzen: 2 Tassen entleert und gehackt
- Gehackter Spinat gefroren: 2 Tassen
- Wasser: 3 Tassen + 1 Tasse
- Knoblauch: 4 Gehackte Nelken
- Zwiebel: 1 Medium gehackt
- Italienische Kräutermischung: 2 TL
- Meersalz: nach Ihrem Geschmack
- Schwarzer Pfeffer: nach Ihrem Geschmack

Wegbeschreibungen:

1. Nehmen Sie einen Mixer und fügen Sie Zwiebel, Knoblauch, abgetropfte Bohnen, Salz, Kräutermischung und Pfeffer hinzu und fügen Sie Wasser hinzu
2. Blend, um eine glatte Textur zu geben
3. Fügen Sie dieses Püree in eine große Pfanne und Kochzeit: bei mittlerer Hitze
4. Wenn es zum Kochen einleitet, senken Sie die Hitze und rühren Sie
5. Lassen Sie die Mischung etwas verdicken

6. Fügen Sie eine Tasse Wasser und Spinat und mischen

7. Fügen Sie auch Artischocken und Hitze für 5 Minuten

8. Auf Wunsch mit Salz und Pfeffer abschmecken und servieren

Ernährung:

Kohlenhydrate: 29.86 g

Protein: 12,9 g

Fette: 1.2 g

Kalorien: 144 Kcal

TomatenTortilla Suppe

Zubereitungszeit: 5 MinutenPortionen: 4

Zutaten:

- 1jalapeéo chile, gesät und gehackt
- 1onion, gehackt
- 1/2Tasse gehackte frische Korianderblätter
- 2 Esslöffel Tomatenmark
- 3Tassen leicht zerkleinerte Tortilla-Chips
- 3Knoblauchzehen, gehackt
- 1(14-ouncecan gewürfelte Tomaten
- 1teespoon gemahlener Kreuzkümmel
- 5 Tassen Gemüsebrühe
- Salz und schwarzer Pfeffer
- 3teespoons chipotle chiles in adobo, gehackt

Wegbeschreibungen:

1. Fügen Sie alle Zutaten in einem Instant-Topf außer den Chips.
2. Cover und Kochzeit: für 3 Minuten.
3. Fügen Sie die Chips und Kochzeit: für weitere 2 Minuten.
4. Heiß servieren.

SAUCES UND KONDIMENTS

HausgemachteR Cashew-Creme-Käse

Zubereitungszeit: 15 MinutenPortionen: 2 Tassen

Zutaten:

- 1tasse rohe Cashews, 4 Stunden durchnässt
- 1teespoon weiße Miso Paste
- 1 Essig apfelisch
- 1/2Teelöffel Salz
- 1teelöffel Agavennektar
- 6ounces festen seiden Tofu
- 2 Esslöffel frischer Zitronensaft

Wegbeschreibungen:

1. Den Cashew abtropfen lassen und zu einem Mixer hinzufügen.
2. Agave, Salz, Miso, Essig und Zitronensaft hinzufügen.
3. Wieder in eine glatte Paste mischen.
4. Fügen Sie den Tofu hinzu und mischen Sie ihn erneut.
5. Im Kühlschrank aufbewahren.

Kichererbsen & ArtischockenPilz Pété

Zubereitungszeit: 15 MinutenPortionen: 6-8

Zutaten:

- 2 Tassen Konserven ArtischockenHerzen, entwässert
- 1 1/2 Tassen gekochte Kichererbsen
- 3Knoblauchzehen, gehackt
- 1 Esslöffel frischer Zitronensaft
- 1 Teelöffel getrocknetes Basilikum
- 1/2tasse rohe Cashews, über Nacht eingeweicht und entwässert
- 1tasse gehackte Pilze
- Geschredderte frische Basilikumblätter, zum Garnieren
- 1tasse zerbröckelt extra-festen Tofu
- Salz und schwarzer Pfeffer
- Paprika, zum Garnieren

Wegbeschreibungen:

1. In einem Instant-Topf etwas Öl hinzufügen und den Knoblauch, Pilz und Artischocken für 1 Minute werfen.
2. Entleeren Sie sie, um überschüssige Flüssigkeit loszuwerden.
3. Fügen Sie die Cashews, Tofu in einem Mixer und mischen, bis glatt.

4. Die Artischockenmischung, Zitronensaft, Salz, Kichererbsen, Basilikum und Pfeffer zugeben.

5. Wieder mischen und in eine Laibpfanne gießen.

6. Abdeckung mit Aluminiumfolie und poke einige Löcher auf der Oberseite.

7. Fügen Sie zu Ihrem Instant-Topf und Kochzeit: für ca. 3 Minuten.

8. Lassen Sie es abkühlen und kühlen, bis serviert.

9. Mit Basilikum, Paprika garnieren.

Sonnenblumensamen, Kartoffeln & Braunlinse Pété

Zubereitungszeit: 15 MinutenPortionen: 6-8

Zutaten:

- 1Tasse ungesalzene Sonnenblumenkerne, über Nacht eingeweicht
- 1/2Tasse Nährhefe
- 1Onion, gehackt
- 1Potato, geschält und gehackt
- 11/2 Tassen braune Linsen, gekocht
- 1/3Tasse Vollkornmehl
- 3/4Tasse Nussbaumstücke
- 2 Esslöffel lebenswichtiges Weizengluten
- 1 Esslöffel Olivenöl
- 1teespoon getrockneter Thymian
- 3Knoblauchzehen, gehackt
- 2 Esslöffel Sojasauce
- 1/2Teelöffel schwarzer Pfeffer
- 1teespoon süße Paprika
- 1Teelöffel Salz
- 2 Esslöffel gehackte Petersilie
- 1/8Teespoon gemahlenes Allspice
- 1/2Teespoon gemahlener Salbei

- 1/8Teelöffel Cayennepfeffer

Wegbeschreibungen:

1. In einem Instant-Topf werfen sie den Knoblauch, Zwiebel mit etwas Wasser für 1 Minute.

2. Die Linsen und Sonnenblumenkerne abtropfen lassen.

3. Die Walnüsse und Sonnenblumenkerne in einen Mixer geben.

4. In eine glatte Mischung mischen und die Zwiebelmischung hinzufügen.

5. Linsen, Kartoffeln dazugeben und wieder vermischen.

6. Fügen Sie den Rest der Zutaten nacheinander hinzu.

7. Mischen Sie gut, um eine glatte Paste zu machen.

8. Fügen Sie die Mischung in eine Backform.

9. Bedecken Sie die Oberseite mit Aluminiumfolie. Machen Sie einige Löcher auf der Oberseite.

10. Zum Instant-Topf und Kochzeit hinzufügen: für 8 Minuten.

11. Bei Raumtemperatur servieren.

Snacks

Würzig geröstete Kichererbsen

Zubereitungszeit: 10 Minuten

Kochzeit: 20 Minuten

Portionen: 6

Zutaten:

- 30 Unzen gekochte Kichererbsen
- 1/2 Teelöffel Salz
- 2 Teelöffel Senfpulver
- 1/2 Teelöffel Cayennepfeffer
- 2 Esslöffel Olivenöl

Wegbeschreibungen:

1. Alle Zutaten in eine Schüssel geben und gut verrühren und dann die Kichererbsen in einer gleichmäßigen Schicht auf einem mit Öl gefetteten Backblech verteilen.
2. Die Kichererbsen 20 Minuten bei 400 Grad F bis goldbraun und knusprig backen und dann sofort servieren.

Ernährung:

Kalorien: 187.1 Cal

Fett: 7,4 g

Kohlenhydrate: 24,2 g

Protein: 7,3 g

Faser: 6,3 g

Zucchini Chips

Zubereitungszeit: 10 Minuten

Kochzeit: 120 Minuten

Portionen: 4

Zutaten:

- 1 große Zucchini, dünn geschnitten
- 1 Teelöffel Salz
- 2 Esslöffel Olivenöl

Wegbeschreibungen:

1. Zucchini-Scheiben trocknen und dann in einer gleichmäßigen Schicht auf einem mit Pergamentblech ausgekleideten Backblech verteilen.
2. Salz und Öl verrühren, diese Mischung auf beiden Seiten über Zucchinischeiben bürsten und dann 2 Stunden oder länger backen, bis sie braun und knusprig sind.
3. Wenn Sie fertig sind, lassen Sie die Chips für 10 Minuten abkühlen und servieren Sie dann sofort.

Ernährung:

Kalorien: 54 Cal

Fett: 5 g

Kohlenhydrate: 1 g

Protein: 0 g

Rosemary Beet Chips

Zubereitungszeit: 10 Minuten

Kochzeit: 20 Minuten

Portionen: 3

Zutaten:

- 3 große Rüben, geschrubbt, dünn geschnitten
- 1/8 Teelöffel gemahlener schwarzer Pfeffer
- 1/4 Teelöffel Meersalz
- 3 Zweige Rosmarin, Blätter gehackt
- 4 Esslöffel Olivenöl

Wegbeschreibungen:

1. Rübenscheiben in einer schichtigen Schicht zwischen zwei großen Backblechen verteilen, die Scheiben mit Öl bürsten, dann mit Gewürzen und Rosmarin würzen, bis gut beschichtet werfen und 20 Minuten bei 375 Grad F backen, bis sie knusprig sind, halbieren.

2. Wenn Sie fertig sind, lassen Sie die Chips für 10 Minuten abkühlen und dann servieren.

Ernährung:

Kalorien: 79 Cal

Fett: 4,7 g

Kohlenhydrate: 8,6 g

Protein: 1,5 g

Faser: 2,5 g

Zucchini Fritters

Zubereitungszeit: 10 Minuten

Kochzeit: 6 Minuten

Portionen: 12

Zutaten:

- 1/2 Tasse QuinoaMehl
- 3 1/2 Tassen geschreddert Zucchini
- 1/2 Tasse gehackte Jakobsmuscheln
- 1/3 Teelöffel gemahlener schwarzer Pfeffer
- 1 Teelöffel Salz
- 2 Esslöffel Kokosöl
- 2 Flachseier

Wegbeschreibungen:

1. Die Feuchtigkeit aus den Zucchini quetschen, indem

Sie sie in ein Käsetuch wickeln und dann in eine Schüssel geben.

2. Die restlichen Zutaten, mit Ausnahme von Öl, hinzufügen, rühren, bis sie kombiniert werden, und dann die Mischung in zwölf Patties formen.

3. Nehmen Sie eine Pfanne, legen Sie es über mittlere hohe Hitze, öl hinzufügen und wenn heiß, fügen Sie Patties und Kochzeit: für 3 Minuten pro Seite bis braun.

4. Die Patties mit der veganen Lieblingssauce servieren.

Ernährung:

Kalorien: 37 Cal

Fett: 1 g

Kohlenhydrate: 4 g

Protein: 2 g

Faser: 1 g

Thai Snack Mix

Zubereitungszeit: 15 Minuten

Kochzeit: 90 Minuten

Portionen: 4

Zutaten:

- 5 Tassen gemischte Nüsse
- 1 Tasse gehackte getrocknete Ananas
- 1 Tasse Kürbiskerne
- 1 Teelöffel Knoblauchpulver
- 1 Teelöffel Zwiebelpulver
- 2 Teelöffel Paprika
- 1 Teelöffel Meersalz
- 1/4 Tasse Kokoszucker
- 1/2 Teelöffel rotes Chilipulver
- 1/2 Teelöffel gemahlener schwarzer Pfeffer
- 1 Esslöffel Paprikaflocken
- 1/2 Esslöffel rotes Currypulver
- 2 Esslöffel Sojasauce
- 2 Esslöffel Kokosöl

Wegbeschreibungen:

1. Schalten Sie den langsamen Herd ein, fügen Sie alle Zutaten darin mit Ausnahme von getrockneten Ananas und PaprikaFlocken, rühren, bis kombiniert und

Kochzeit: für 90 Minuten bei großer Hitze einstellung, alle 30 Minuten rühren.

2. Wenn Sie fertig sind, die Nussmischung auf einem mit Pergamentpapier ausgekleideten Backblech verteilen und abkühlen lassen.

3. Dann getrocknete Ananas darüber verteilen, mit Paprikaflocken bestreuen und servieren.

Ernährung:

Kalorien: 230 Cal

Fett: 17,5 g

Kohlenhydrate: 11.5 g

Protein: 6,5 g

Faser: 2 g

Quinoa Broccoli Tots

Zubereitungszeit: 10 Minuten

Kochzeit: 20 Minuten

Portionen: 16

Zutaten:

- 2 Esslöffel Quinoamehl
- 2 Tassen gedämpfte und gehackte Brokkoli-Blüten
- 1/2 Tasse Nährhefe
- 1 Teelöffel Knoblauchpulver
- 1 Teelöffel Miso Paste
- 2 Flachseier
- 2 Esslöffel Hummus

Wegbeschreibungen:

1. Alle Zutaten in eine Schüssel geben, rühren, bis sie gut kombiniert sind, und formen Sie die Mischung dann zu sechzehn kleinen Kugeln.

2. Die Kugeln auf einem mit Pergamentpapier ausgekleideten Backblech anrichten, mit Öl besprühen und bei 400 Grad F 20 Minuten lang backen, bis sie braun sind und sich halbieren.

3. Wenn Sie fertig sind, lassen Sie die Tots 10 Minuten abkühlen und servieren Sie dann sofort.

Ernährung:

Kalorien: 19 Cal

Fett: 0 g

Kohlenhydrate: 2 g

Protein: 1 g

Faser: 0,5 g

DESSERT UND GETRÄNKE

Süße Bananen und Sauce

Zubereitungszeit: 10 Minuten

Kochzeit: 20 Minuten

Portionen: 4

Zutaten:

- Saft von 1/2 Zitrone
- 3 Esslöffel Agavennektar
- 1 Esslöffel Kokosöl
- 4 Bananen, geschält und diagonal in Scheiben geschnitten
- 1/2 Teelöffel Kardamomsamen

Wegbeschreibungen:

1. Bananen in einer Pfanne anrichten, die zu Ihrer Luftfritteuse passt, Agavennektar, Zitronensaft, Öl und Kardamom hinzufügen, in die Fritteuse und Kochzeit einführen: bei 360 Grad F für 20 Minuten
2. Bananen und Sauce zwischen Tellern teilen und servieren.
3. Genießen!

Ernährung: Kalorien 210, Fett 1, Ballaststoffe 2, Kohlenhydrate 8, Protein 3

Easy Pears Dessert

Zubereitungszeit: 10 Minuten

Kochzeit: 25 Minuten

Portionen: 12

Zutaten:

- 6 große Birnen, entkernt und gehackt
- 1/2 Tasse Rosinen
- 1 Teelöffel Ingwerpulver
- 1/4 Tasse Kokoszucker
- 1 Teelöffel Zitronenschale, gerieben

Wegbeschreibungen:

1. In einer Pfanne, die zu Ihrer Fritteuse passt, Birnen mit Rosinen, Ingwer, Zucker und Zitronenschale mischen, rühren, in die Fritteuse und Kochzeit einführen: bei 350 Grad F für 25 Minuten.

2. In Schüsseln aufteilen und kalt servieren.

3. Genießen!

Ernährung: Kalorien 200, Fett 3, Ballaststoffe 4, Kohlenhydrate 6, Protein 6

Orangenkuchen

Zubereitungszeit: 10 Minuten

Kochzeit: 30 Minuten

Portionen: 4

Zutaten:

- Kochspray
- 1 Teelöffel Backpulver
- 1 Tasse Mandelmehl
- 1 Tasse Kokoszucker
- 1/2 Teelöffel Zimtpulver
- 3 Esslöffel Kokosöl, geschmolzen
- 1/2 Tasse Mandelmilch
- 1/2 Tasse Pekannüsse, gehackt
- 3/4 Tasse Wasser
- 1/2 Tasse Rosinen
- 1/2 Tasse Orangenschale, gerieben
- 3/4 Tasse Orangensaft

Wegbeschreibungen:

1. In einer Schüssel Mehl mit der Hälfte des Zuckers, Backpulver, Zimt, 2 Esslöffel Öl, Milch, Pekannüsse und Rosinen mischen, rühren und gießen Sie es in eine gefettete Kuchenpfanne, die zu Ihrer Luftfritteuse passt.

2. Erhitzen Sie eine kleine Pfanne bei mittlerer Hitze, fügen Sie Wasser, Orangensaft, Orangenschale, den Rest des Öls und den Rest des Zuckers, rühren, zum Kochen bringen, gießen Sie über die Mischung aus der Pfanne, in der Fritteuse und Kochzeit einführen: bei 330 Grad F für 30 Minuten.

3. Kalt servieren.

4. Genießen!

Ernährung: Kalorien 282, Fett 3, Ballaststoffe 1, Kohlenhydrate 4, Protein 3

Süße Erdbeermischung

Zubereitungszeit: 10 Minuten

Kochzeit: 20 Minuten

Portionen: 10

Zutaten:

- 2 Esslöffel Zitronensaft

- 2 Pfund Erdbeeren

- 4 Tassen Kokoszucker

- 1 Teelöffel Zimtpulver

- 1 Teelöffel Vanilleextrakt

Wegbeschreibungen:

1. In einer Pfanne, die zu Ihrer Fritteuse passt, Erdbeeren mit Kokoszucker, Zitronensaft, Zimt und Vanille mischen, sanft rühren, in die Fritteuse und Kochzeit einführen: bei 350 Grad F für 20 Minuten

2. In Schüsseln aufteilen und kalt servieren.

3. Genießen!

Ernährung: Kalorien 140, Fett 0, Ballaststoffe 1, Kohlenhydrate 5, Protein 2

Pfirsich-Pflaster

Zubereitungszeit: 10 Minuten

Kochzeit: 30 Minuten

Portionen: 4

Zutaten:

- 4 Tassen Pfirsiche, geschält und in Scheiben geschnitten
- 1/4 Tasse Kokoszucker
- 1/2 Teelöffel Zimtpulver
- 1 und 1/2 Tassen vegane Cracker, zerkleinert
- 1/4 Tasse Stevia
- 1/4 Teelöffel Muskatnuss, gemahlen
- 1/2 Tasse Mandelmilch
- 1 Teelöffel Vanilleextrakt
- Kochspray

Wegbeschreibungen:

1. In einer Schüssel Pfirsiche mit Kokoszucker und Zimt mischen und unterrühren.

2. In einer separaten Schüssel Cracker mit Stevia, Muskatnuss, Mandelmilch und Vanilleextrakt mischen und rühren.

3. Sprühen Sie eine Tortenpfanne, die zu Ihrer Luftfritteuse passt, mit Kochspray und verteilen Sie Pfirsiche auf den Boden.

4. Cracker mischen, verteilen, in die Fritteuse und Kochzeit einführen: bei 350 Grad F für 30 Minuten

5. Teilen Sie das Schusterpflaster zwischen den Tellern und servieren.

6. Genießen!

Ernährung: Kalorien 201, Fett 4, Ballaststoffe 4, Kohlenhydrate 7, Protein 3

Lightning Source UK Ltd.
Milton Keynes UK
UKHW020641100521
383461UK00014B/922